AF347201

# PRESSOIR

## PORTATIF,

### INVENTÉ EN 1771,

*Par M.re JEAN VALLET, Prêtre, & Curé de Collombe au Diocefe de Vienne.*

---

A fructibus eorum cognofcetis eos.
*MATTH. cap. VII. ℣. 16.*

---

## A GRENOBLE,

Chez la Veuve FAURE & Fils, Imprimeurs
du Roi, Place Saint-André.

---

### M. DCC. LXXII.

*AVEC PERMISSION.*

# PRESSOIR
## PORTATIF,

*POUR un Particulier qui n'a que dix à douze charges de vin ; également bon pour faire l'huile de noix & toute autre espece d'huile.*

L E Pressoir portatif peut s'adapter à tout ce qui peut être pressé, comme raisins, olives, noix, cire, pommes, poires, fruits à noyaux, quelque durs qu'ils soient ; ces derniers ayant auparavant été broyés dans la machine à cylindre, planche 3.ᵉ Les Cuisiniers se serviront du Pressoir pour les purées de légumes, ou pour exprimer toutes sortes de racines. Les Papetiers, Relieurs, Teinturiers, Gantiers, s'en serviront également, au lieu de leurs presses à vis, qui sont de difficile construction, coûtent fort cher, sont peu expéditives, très-embarrassantes, soit pour les bâtiments qu'elles occupent, soit pour les grosses pieces qu'on y emploie.

## MOTIFS qui ont engagé l'Auteur à inventer le Pressoir.

LE PREMIER MOTIF a été la misere du peuple : le second, la rareté des bois propres à faire les grands pressoirs à vis : le troisieme, la quantité de vin qui se gâte, pour ne pas presser le vin lorsqu'il a suffisamment fermenté.

Tous les habitants d'une même Paroisse ne sont pas en état d'avoir des pressoirs dispendieux, sujets à des entretiens ; ce qui a contraint

plufieurs Communautés à fe foumettre à la bannalité : ce qui eft
caufe que plufieurs particuliers, qui
n'ont qu'une petite vendange pour
payer leurs rentes, droits perfon-
nels dus au Seigneur, enfuite la
taille & autres impofitions royales
( car le Roi qui devroit être payé
le premier, ne l'eft que le dernier ),
voient aigrir leur vin, ou tout au
moins s'affoiblir, & font enfuite
hors d'état d'acquitter leurs charges :
dès-lors ils arréragent leurs rentes.
Le Fermier du Seigneur, profitant
de cette heureufe rencontre, veut
être payé ; fait frais fur frais,
parce qu'il fait que la rente eft pri-
vilégiée fur le fonds : par les en-
cans & délivrance, il en eft bientôt le maître. Le fonds ne fuffit-il
pas ? La maifon du propriétaire
eft bientôt par terre, pour agrandir
fes poffeffions. Cet exemple devroit être rare, mais il eft commun.
La facilité d'avoir un preffoir por-

tatif peut donc prévenir de pareils accidents. Dans un hameau deux ou trois preſſoirs ſuffiront, parce qu'on fait en peu de temps pluſieurs preſſées : on peut les faire le ſoir à la clarté de ſon feu, ſans rien riſquer, comme l'ont fait pluſieurs perſonnes. Ces trois preſſoirs, por-tés de maiſon en maiſon, feront plus d'ouvrage en un jour qu'on en feroit en dix aux anciens pref-ſoirs ; outre que ſouvent le vin répand en chemin, & qu'on eſt obligé d'employer pluſieurs per-ſonnes pour cette opération. A peine a-t-on voituré ſa vendan-ge, qu'elle eſt preſſée, & le vin mis dans le tonneau. Ceux qui voudront faire du vin blanc, n'au-ront plus beſoin de cuve, le pref-ſoir ſera porté au milieu de la vi-gne ; à meſure qu'on coupera le raiſin, il ſera dégrappé & preſſé ; le marc ſe trouvera tout voituré, pour le mettre au printemps dans

les provins ; ce qui est une nouvelle économie.

DEUXIEME MOTIF. Les bois ordinaires des preſſoirs à vis , ſont
les gros chênes, les gros noyers,
pour les perches & vis ; peu de
perſonnes ſavent les travailler ; il
faut les armer de fer. Malgré ces
précautions, ces groſſes pieces &
vis rompent ſouvent par l'ineptie
des manœuvres qui s'en ſervent ;
cet inconvénient ne peut arriver
au preſſoir portatif.

TROISIEME MOTIF. L'expérience
nous apprend qu'auſſi-tôt que la
fermentation du raiſin eſt faite, il
faut le tirer de la cuve, & preſſer
ſa vendange ; autrement elle aigrit,
elle moiſit ; le moindre de ces in-
convénients, c'eſt que le vin perd
ſa force & devient ſemblable à la
piquette , qui n'eſt faite qu'avec
l'eau & le marc de raiſin. Au moyen
du preſſoir portatif, on preſſe quand
on veut ; le vin en eſt meilleur ;

on le vend plus cher , & on en paie ses charges. Voilà les trois motifs qui ont fait inventer les nouveaux pressoirs.

### OBSERVATION sur la Piquette.

LORSQU'ON veut faire de la piquette, on ne coupe qu'une fois sa vendange ; si on la coupoit & pressoit deux fois, le marc de raisin n'ayant plus de suc, la piquette ne vaudroit rien ; l'eau prendroit mauvais goût, risqueroit de gâter le tonneau , si elle restoit long-temps.

Tous les possibles des pressoirs se réduisent à la simplicité des cinq que je viens d'inventer, on pourra les perfectionner ; peut-être l'automne prochaine les perfectionne-rai-je ? Mais pour le méchanique on ne le simplifiera pas ; on n'en pourra point faire de plus durable, ni à meilleur marché.

Le cabeſtan ou levier rompt-il ? On le brûle ; la dépenſe eſt peu conſidérable, il faut du bois pour le ménage. La corde rompt-elle ? On la noue. Les pieces des preſ- ſoirs, tenues en lieu ſec, dureront des ſiecles. L'expérience apprendra que quatre preſſées de trois pieds cubes ſeront faites en moins de temps qu'une groſſe preſſée ne fera ajuſtée ſur le preſſoir à vis. Moins il y a de vendange, plus il eſt fa- cile d'en faire le vin ; chaque preſ- ſoir double peut preſſer ſix pieds cubes de vendange. On peut en avoir deux ou trois dans un en- droit occupé par un ſeul preſſoir à vis. Avec ſix hommes je preſ- ſerai dix-huit pieds cubes de ven- dange en très-peu de temps ; ce que ne pourront pas faire douze hommes en un jour à l'ancien preſſoir. Je ne prétends point les détruire, mais faciliter les pauvres à en avoir chez eux, fans être obligés de payer aux riches pour faire preffer leur vendange, & leur laiffer le marc qui engraifferoit les terres de ces pauvres miférables, fans compter la perte de temps pour voiturer la vendange, fouvent la perte du vin pour preffer trop tard. Le preffoir portatif, inventé en faveur des pauvres, fera également utile aux riches : le riche épargnera fes bois, les frais de voiture & la main d'œuvre : il n'aura befoin que du bois de peu de valeur, dont à peine il fe fert dans fa cuifine, comme, le peuplier, le faule, le tilleul, la verne, &c. Il n'aura plus befoin de ferrure à fon preffoir, peu de manœuvres prefferont fon vin, fon cidre, fa cire, fon huile, &c. Il ne fera plus fujet à être volé, il verra manœuvrer du coin de fon feu ; fon ouvrage fera fait promptement ; il profitera du plus petit

débri pour fon ménage ou pour
fes beftiaux. Un petit preffoir dans
fa cuifine avec différentes petites
caiffes, lui fervira pour les purées
de toute efpece de légumes, dont
la préférable eft celle de feves ;
pour faire des gelées de fruits,
d'extrait de genievre, fi bon à
l'eftomac, même pour des appli-
cations fi on s'eft brûlé, on en
couvre la plaie ; vingt-quatre heu-
res après on leve l'appareil, & l'in-
flammation eft enlevée. Fait-on
une leffive ? Le linge eft mis entre
deux plateaux unis du côté du
linge ; enfuite on le preffe, foit
pour en faire fortir l'eau, foit pour
le rendre plus uni lorfqu'il eft fec.

Les pauvres gens de la campagne, qui n'avoient pas le moyen
d'avoir des preffoirs, foit pour le
vin, le cidre, foit pour l'huile,
étoient contraints en plufieurs en-
droits à fe foumettre à la cruelle
tyrannie de la bannalité, fujets à

ſe voir voler impunément, ſans pouvoir ſe faire rendre juſtice ; pourront avec peu de dépenſe avoir dans chaque Paroiſſe une machine à broyer les noyaux : elle eſt portative comme le preſſoir, par conſéquent chacun pourra faire chez ſoi ſon vin, ſon cidre, ſa cire, ſon huile, &c. Une dépenſe faite en commun eſt peu conſidérable ; la machine à broyer les noyaux, & les preſſoirs, ſont pour durer des ſiecles, pour peu de ſoin qu'on en ait.

Qui ſeroit aſſez inhumain pour s'oppoſer au ſoulagement de ſes freres, par une vaine uſurpation de bannalité, que l'autorité & les guerres civiles ont anciennement acquiſe, au préjudice de la Couronne & du droit des gens. La charité doit au contraire engager les riches, à procurer aux miſérables les moyens de ſe pourvoir des choſes néceſſaires à la vie.

vie. On eſt trop heureux lorſqu'on peut faire le bien ; on doit regarder comme une grande récompenſe, lorſqu'on accepte nos bienfaits. Qu'avons-nous fait à Dieu, pour mériter d'être plus grands, plus riches, plus puiſſants ? Tous les hommes tirés de la même maſſe de corruption, n'ont rien pu mériter par eux-mêmes ; ils peuvent donc tôt ou tard rentrer dans le premier état d'où ils étoient ſortis. Jetons les yeux ſur les empires les plus floriſſants, ſur les familles les plus diſtinguées de l'ancien temps ; à peine en connoît-on l'hiſtoire, à l'exception d'un petit nombre de Savants. Ne conſidérons donc pas ce que nous ſommes à préſent, mais ce que nous ou nos deſcendants pourrons être un jour ; regardons-nous dans le pauvre accablé d'impôts & devoirs ſeigneuriaux, tant réels que perſonnels, par quantité de différents terriers

B

dont son fonds est couvert. Les droits personnels, sont les corvées, droit de garde antique, avenage, montonage, &c. &c. &c. L'avenage se paie en plusieurs mesures d'avoine pour l'air qu'il respire, ou pour l'honneur qu'il a d'avoir beaucoup de peine dans une terre plutôt que dans une autre. Pour pouvoir s'acquitter & éviter la rapacité des fermiers qui les exigeoient, n'ai-je pas été le triste témoin de voir ce Laboureur vendre partie de son bon bétail, pour atteler à sa charrue une ânesse, une vache & sa femme, afin de pouvoir tirer parti de son fonds, pour s'acquitter ensuite des charges royales. Touché de ce spectacle affreux, j'ai tâché de secourir ce nourrissier des villes, dans ses besoins, par toutes les voies dont j'ai pu être capable ; l'occupant à divers travaux d'agriculture ; en hiver, occupant les enfants au filage des

laines pour une fabrique royale ;
dans les beaux jours d'hiver & dans
le printemps, en envoyant en divers pays, chez les perſonnes de
diſtinction, le Payſan qui n'a point
de terres à cultiver, pour faire des
réſervoirs à tenir le poiſſon, des
écluſes en terre glaiſe pour l'arro-
ſage des prairies, ce qui vaut mieux
qu'un mur, & coûte peu. L'eau
échauffée par le ſoleil dans une
écluſe, fait qu'un pré de trois voi-
tures, au bout de deux ou trois
ans en peut produire douze, pourvu qu'on ſache rayer ſa prairie, &
diſtribuer les eaux à propos : c'eſt
l'expérience qui aſſure ce fait. Ce
Payſan, encouragé par un ſalaire,
quoique médiocre, à faire des plan-
tements de mûriers, ſoit en plein
vent, en haie & en bois taillis ; à
former des haies d'aube-épine autour des jardins & des fonds, en
couchant dans terre de jeunes jets,
qui prennent racine comme le mû-

rier. Une haie de quatre pieds d'é-
paiffeur , eft réduite à un pied ,
étant pliffé à ma méthode. Les animaux domeftiques , même les oi-
feaux , ne peuvent pas traverfer la
haie au bout de trois ans. Ce n'eft
que par de fréquentes épreuves de
mes foibles productions , que j'ai
forti de l'oifiveté, de la mifere &
du découragement ce Journalier en
louage , n'ayant d'autre poffeffion
que l'air qu'il refpiroit, pour lequel
il falloit payer au Seigneur trois
quartaux d'avoine comble , qui en
matiere féodale veulent dire *quatre
quartaux* mefurés comme les autres
grains. Il en eft de la mefure comme
de la rénovation des terriers ; on
ne les a jamais diminué depuis leur
établiffement , mais toujours au-
gmenté. Si cela continue, le Payfan fera obligé de paffer aux Ifles
pour trouver de quoi fe nourrir &
fa famille , aux conditions cependant qu'il ne payera d'autre fubfide

qu'au Roi qui eſt ſon pere & ſon protecteur. Que la femme de ce Journalier & ſes enfants euſſent du pain ou non, ce n'étoit pas là l'inquiétude de l'Exacteur des ſervitudes ſeigneuriales, pourvu qu'il pût trouver de quoi ſe faire payer de ſon avoine, & exécuter les prétendues corvées, &c. Il m'a donc fallu, l'outil en main, conduire le Laboureur & le Manœuvre, pour convaincre l'un & l'autre au doigt & à l'œil, que les choſes les plus difficiles à croire par le raiſonnement, deviennent aiſées par l'expérience. Si nous ne pouvons ſoulager le malheureux, de nos facultés, encourageons-le au travail par exemple ; tirons-le de l'oiſiveté ; apprenons-lui à s'enrichir à la ſueur de ſon front & à ſeconder les vœux de l'Etat, ſans faire tort à perſonne, par les travaux de la campagne ; mettons-lui en main des machines de toute eſpece, propres à ſon génie & à l'agriculture ; par ce moyen il forcera la terre à produire, car elle n'eſt infrußueuſe que par le défaut de culture. Le Payſan a beſoin non ſeulement d'inſtrußion ſpirituelle, mais encore d'être détrompé de ſon ancien préjugé par des expériences ſimples.

# DESCRIPTION

### D U

## *PREMIER PRESSOIR.*

CE Preſſoir eſt compoſé d'un arbre de ſept pieds de hauteur, planche 1.ʳᵉ, lettre A. Cet arbre a environ un pied de largeur du côté de la mortoiſe, & ſix à ſept pouces d'épaiſſeur.

La mortoiſe a un pied & demi de longueur, & au moins quatre pouces de largeur, placée environ à huit pouces au-deſſus de la caiſſe.

Le levier ou cabeſtan C, ſix à huit pouces d'abattage, ſur cinq à ſix pouces d'épaiſſeur. A quatre pouces près de l'arbre A, on y fait un trou, pour y mettre une che-

ville d'un pouce de groſſeur H,
pour fixer le levier, à l'extrêmité
duquel on met une cheville G,
pour tenir la corde E lorſqu'on
preſſe, & pour tenir le cabeſtan
élevé lorſqu'on veut garnir ou dé-
garnir la vendange, par le moyen
d'une poulie arrêtée au plancher.
Dans cette poulie on y paſſe une
corde à lacet, qui tient ce levier
élevé ; un bout de cette corde eſt
arrêté au banc du preſſoir ou ail-
leurs ; cette cheville doit être per-
pendiculaire au crochet du tour D :
les chevilles placées, on laiſſe au
moins quatre pouces de bois aux
extrêmités du levier au-delà des
chevilles, & un pied de bois au-
deſſus de la premiere mortoiſe, &
auſſi un pied depuis le rez de chauſ-
fée juſqu'au bord de la ſeconde,
par-où paſſe le tenon du banc B.
Cette mortoiſe aura environ quatre à cinq pouces de large ; le tenon
du banc B ſera à clavette, croi-

## ( 21 )

fant l'arbre A ; ce tenon aura au
moins fix à fept pouces de long
au-delà de l'arbre. Lorfque la mortoife a cinq pouces de large, le cabeftan doit avoir fix pouces d'é-
paiffeur, parce qu'il faut au moins
laiffer demi-pouce de chaque côté
pour l'entaillure, planche 2.$^e$

Le banc B aura cinq à fix pouces d'épaiffeur, étant foutenu par
deux morceaux de bois quarré,
planche 1.$^{re}$, lettres I, I ; le premier
morceau eft placé à trois pieds près
de l'arbre ; le fecond, dans la fourche près du tour D ; ces deux morceaux de bois avec l'arbre forment
un même alignement, & doivent
être de niveau.

A la fourche, on y forme un
quart de cercle, pour y placer le
tour D, lequel eft arrêté par un
demi-cercle de fer qui a deux pointes percées pour y mettre une petite clavette, comme autour d'un
char ou d'une charrette.

Ce tour eſt de bois dur, bien ſec, de ſuffiſante groſſeur, afin d'y pouvoir faire les mortoiſes pour placer les morceaux de bois F, F, qui doivent dévuider la corde E ; cette corde doit être double, bien forte, de la même groſſeur de celle des chars ou charrettes.

Si ſur le banc B, planche 1.<sup>re</sup>, on y veut placer une caiſſe de trois pieds dans œuvre ; alors il faut que ce banc ait environ dix à onze pieds de longueur, de cinq à ſix pouces d'épaiſſeur. A cette eſpece de banc on y peut mettre quatre pieds, en les entaillant de maniere que les pieds s'écartent un peu par-deſſous ; deux ſeront placés à deux pieds & demi ou trois pieds de l'arbre, les deux autres à la four-che, ſans cependant trop l'affoi-blir. Chaque pied ſera arrêté par une croche & un grand clou ; ces quatre pieds avec l'arbre ſeront de niveau, & formeront un même point d'appui.

La corde du preſſoir ſera faite avec du bon chanvre peigné, dont on formera de petites ficelles pour faire une corde environ de demi-pouce de groſſeur ; on fera quatre cordes de cette façon pour n'en former qu'une, qu'on mettra double lorſqu'on voudra preſſer.

Un particulier qui n'a que dix à douze charges de vin annuellement, ſe ſervira d'une caiſſe faite d'un tronc d'arbre de quatre pieds de long, creuſé de trois pieds dans œuvre, auſſi large & profond qu'on le pourra, pourvu qu'elle ait deux pouces d'épaiſſeur par côté. Cette caiſſe ou cuve eſt faite en forme d'entonnoir, comme on le voit, planche 2.ᵉ, lettre N. A une des extrêmités de cette cuve ſont deux trous d'un pouce & demi de groſ-ſeur ; le plus bas eſt fait à plan in-cliné ; on y met une gaule en tôle ou fer-blanc, pour conduire le vin dans un cuvier ou baine. Le fond de cette caiffe eft cannellé, comme on le voit, planche 1.<sup>re</sup>, lettre T; fur ces cannelures on y met une planche trouée d'un pouce d'épaiffeur V, planche 1.<sup>re</sup>; fur cette planche eft mife la vendange, fur laquelle on place un plateau de trois pouces d'épaiffeur; aux extrêmités de ce plateau eft une cheville à plan incliné au moins d'un pouce d'épaiffeur, de fix pouces de hauteur, ou bien un matras ou bloc de bois O, planche 1.<sup>re</sup>; au milieu des deux chevilles on y place une calle de cinq à fix pouces d'épaiffeur P, planche 1.<sup>re</sup>: fur cette calle on en met autant qu'il en eft néceffaire pour preffer, parce que le cabeftan doit toujours être élevé fur le devant, & abaiffé dans la mortoife, dans laquelle on met une cale en forme de coin. Lorfque les cales font enfoncées dans la caiffe, il faut lâcher le tour, pour élever le levier: auffi-tôt qu'il

eft

eft de niveau à la cuve, il n'a plus
de force. La caiffe à tronc d'arbre
n'a point befoin de planche trouée
par côté.

Un particulier qui a tout fon
bois, peut avec un Manœuvre faire
le preffoir ci-deffus à 6 l., & même
à moins. Quel payfan ne fait pas
faire une mortoife & un tenon à
fa charrue, & creufer un morceau
de bois avec une hache des Scieurs
de long, ou un piochon & befai-
guë, inftruments dont les Char-
pentiers fe fervent pour leurs mortoifes & tenons, & pour creufer
le chenal des moulins ? La caiffe à
tronc d'arbre eft très - commode
pour piler des pommes, pour faire
du cidre. En mettant un peu de
paille entre le trou & le fruit, le
fuc en fort avec plus de facilité.
On fera la même chofe, lorfqu'on
voudra faire de gelée de coing,
de grofeille, &c.

Les autres caiffes que je vais dé-

crire, font plus difficiles à con-
ſtruire, par conſéquent plus coû-
teuſes, mais auſſi plus expéditives.

Sur le banc à fourche B, planche 1.$^{re}$, eſt placée une cuve à
queue d'aronde K, dont le fond
eſt fixe comme celui d'un tonneau,
étant cannelé T. Sur ces cannelures eſt placée une planche trouée
d'un pouce d'épaiſſeur V : ſur les
bords de cette planche ſont placées
quatre planches trouées à rainures S ; les deux plus larges ſont vis-
à-vis l'une de l'autre ; les deux
étroites ſont auſſi vis-à-vis l'une de
l'autre, ſans toucher les deux gran-
des d'un quart de pouce. Chaque
planche a une traverſe deſſus &
deſſous, arrêtée par des chevilles ;
la caiſſe ayant trois pieds dans
œuvre, on ne pourroit pas trouver
des planches de cette largeur ; il
faut donc en mettre pluſieurs en-
ſemble, laiſſant un vuide par côté
d'une planche à l'autre, pour faci-

liter l'écoulement du vin dans la gaule L. La caiſſe K a un trou d'un pouce & demi de groſſeur au-deſſous de l'anſe M ; un ſecond trou de même groſſeur où eſt placée la gaule L ; de M en L eſt une rainure pour conduire le vin dans la gaule , lorſqu'il ne ſort que goutte à goutte.

Au milieu des quatre planches trouées eſt placée la vendange, ſur laquelle on met un plateau de trois pouces d'épaiſſeur, ayant une cheville à chaque coin de ſix pouces de hauteur. Lorſqu'on met ſeulement un plateau de deux pouces d'épaiſſeur, il faut mettre par-deſſus des liteaux de deux pouces de toute face ; ces liteaux ſont arrêtés par des chevilles de bois R, planche 1.ʳᵉ ; les extrêmités de ces liteaux doivent regarder l'arbre A & la corde E : ils ſeront croiſés par le matras ou bloc de bois O. Au milieu des deux chevilles eſt placée la cale P ; au-deſſus de cette cale en eſt placée une ſeconde Q : aux quatre coins de ce plateau ſont placés quatre cheville de ſix pouces de hauteur, pour pouvoir ſortir facilement ce plateau de dedans la cuve , lorſqu'on a preſſé.

A la cuve à queue d'aronde, on y peut mettre une anſe en fer à écrou devant & derriere , ou bien deux chevilles en bois, d'un pouce & demi de groſſeur , de ſix pouces de longueur. Si on met deux caiſſes l'une ſur l'autre , à la premiere on ôtera tout autour en dedans un pouce de bois de profondeur de demi-pouce d'épaiſſeur , & à la ſeconde en dehors on ôtera la même quantité de bois , afin que les deux caiſſes puiſſent s'emboîter. On mettra trois caiſſes , ſi les deux ne ſuffiſent pas pour avoir trois pieds dans œuvre , non compris les quatre épaiſſeurs des planches trouées , tant en hauteur , largeur & profondeur.

Pour les Relieurs, Gantiers, Diftillateurs & Cuifiniers, un arbre de cinq à fix pieds de hauteur, de fept à huit de longueur, fuffifent en obfervant les mêmes épaiffeurs des bois, & les mêmes pieces ci-devant décrites. Une fimple caiffe d'un pied & demi cube fuffira aux Diftillateurs; les Gantiers & Tein-turiers n'ont befoin que de leurs plateaux ordinaires, en y ajoutant par-deffus un matras avec des cales.

Le plateau ou matras mis fur la vendange doit avoir demi-pouce de vuide tout autour, pour entrer & fortir facilement de dedans les caiffes; celles à queue d'aronde doivent avoir deux liteaux de deux pouces en quarré, cloués par-deffous, afin que les caiffes foient toujours dans la même fi-tuation, fans pouvoir gliffer de côté ni d'autre, appuyées contre l'arbre, le levier les traverfant par le milieu. Le banc du preffoir eft au milieu de ces deux liteaux : à la caiffe faite d'un tronc d'arbre N, planche 2.ᵉ, on y fait par-deffous une entaillure au moins de demi-pouce de profondeur O, O, pour y placer le banc. Il faut avoir attention de laiffer à cette cuve deux pouces d'épaiffeur par côté ; & aux deux extrêmités, outre les deux pouces d'épaiffeur, on y laiffe encore quatre pouces de bois, qui fe terminent un peu en pointe, pour former deux anfes pour placer & déplacer commodément la cuve ; laquelle auffi placée contre l'arbre, eft arrêtée fur le banc par le moyen de l'entaillure O, O. Cette cuve a deux trous P, un fous l'anfe, l'autre en bas, auquel on met une gaule, comme à la caiffe à queue d'aronde ; les trous étant de la même groffeur, de même que la rainure. La caiffe à tronc d'arbre a quatre pieds de long, trois pieds dans œuvre, auffi large qu'on peut trouver le bois.

Le cabeftan traverfe la cuve par
le milieu ; alors la vendange eft
preffée par-tout également.

Le preffoir à fourche, en ôtant
l'arbre, fervira de banc à un Payfan, lui épargnera des chaifes auprès de fa table, & de fon feu en
hiver. La caiffe renverfée lui fervira de fiege & de garde-manger,
pour mettre à couvert ce qui pourroit être dévoré par les animaux
domeftiques.

## OBSERVATION.

L'arbre, le levier ou cabeftan,
le tour & les caiffes, doivent être
de bon bois, qui n'éclate point ;
comme, chêne, noyer, hêtre, fico-
more, if, frêne, & autre bois
dur, &c. Il faut choifir pour levier
un pied d'arbre, pour réfifter à
l'effort du tour.

# DESCRIPTION

## *DU SECOND PRESSOIR.*

L'Arbre de ce Preſſoir a neuf pieds
de hauteur, ayant la même épaiſſeur
& largeur que le preſſoir à fourche;
de chaque côté de l'arbre on y en-
caſtre un plateau H, H, planche 2.<sup>e</sup>,
de neuf à dix pieds de long de trois
pouces d'épaiſſeur ſur quatorze à
quinze de large, encaſtré dans l'arbre au moins de deux pouces de
profondeur de chaque côté. A ces
deux plateaux & à l'arbre A, on y
fait une mortoiſe de deux pouces
& demi de largeur, pour y placer
un liteau quarré à tête d'un côté,
pour remplir toute la mortoiſe :
à ce liteau on y fait une petite mortoiſe B, pour y placer une clavette,
qui croiſe le plateau H. Sous ces
deux plateaux, on place les deux

morceaux de bois I, I, planche 1.re; le premier, à trois pieds près de l'arbre ; le fecond, environ à cinq pouces du tour, entaillé de deux à trois pouces de profondeur, pour y encaftrer les deux plateaux.

A quatre pouces près de leur extrêmité, on y fait un quart de cercle, pour placer un tour fem-blable à celui d'un char : ce tour fera arrêté par un petit demi-cercle de fer à pate, de demi - pouce de largeur, avec un écrou à chaque pate. A ces deux plateaux, près du tour, on y fait une entaille de deux pouces de largeur, d'autant de profondeur pour mettre un fort liteau fur lequel va repofer le mor-ceau de bois F, planche 1.re, lorf-qu'on laiffe couler le vin.

Si entre les deux plateaux on n'avoit pas affez d'efpace pour faire les mortoifes du tour, & y dévuider la corde double, il faudroit alors dévuider la corde en dehors des plateaux ; les bouts du tour feront plus longs qu'à l'ordinaire ; ils auront à chaque bout une cheville qu'on pourra mettre & ôter quand on voudra, n'étant néceffaires que pour dévuider la corde. Sur ces deux plateaux, contre l'arbre eft placée la cuve faite avec un tronc d'arbre M, ou la cuve à queue d'aronde K, planche 1.$^{re}$, dans laquelle cuve font placées les quatre planches S. Les rainures de ces planches auront un pouce de largeur & demi-pouce de profondeur ; elles feront placées perpendiculairement fur la planche trouée V. Les planches, plateaux, matras, cales & cordes font pofées dans tous les preffoirs comme en la planche 1.$^{re}$, à l'exception de la taille du levier qui doit être tournée du côté de la premiere clavette B, comme on le voit, planche 2.$^{e}$, lettre A. Au lieu de corde, planche 1.$^{re}$, lettre E, du tour D,

des deux morceaux de bois F, F,
on peut adapter un cri à quatre
dents ; ce cri fera placé au milieu
des deux plateaux au moyen de
deux pieces de bois de trois pouces
d'épaiffeur la chacune, de fix pouces de largeur, entaillées en dedans
pour former une grande mortoife,
afin que le cabeftan puiffe s'y mouvoir facilement. Ces deux pieces
font arrêtées par-deffus le cabeftan
par le fecours d'un fort liteau à tête
d'un côté, & à clavette de l'autre,
pour empêcher à ces deux pieces
de s'entr'ouvrir, lorfqu'on fera
mouvoir le cri, dont la crémaillere
eft placée au milieu des deux pieces,
& arrêtée par un fort boulon de
fer; la manette mife à côté du plateau fera defcendre le cabeftan ou
levier facilement.

Cette dépenfe me paroît inutile,
puifqu'une corde double ou triple,
fi l'on veut, fuffit pour preffer, ne
reftant rien dans la bourfe du raifin,

le pépin en fort auffi blanc que fi
on l'avoit lavé dans l'eau la plus
pure ; ce qui a été éprouvé l'année
derniere par plufieurs perfonnes.

Ce Preffoir eft plus coûteux que
le premier, mais auffi plus expéditif,
contenant trois fois plus de vendange , étant plus commode, puifqu'on peut le démonter, à l'exception de la cuve , dont le fond eft
langueté tout autour pour entrer
dans les rainures du quarré de la
caiffe ; les languettes font en liteaux
de bon bois , & collées dans les
rainures du fond.

DESCRIPTION

# DESCRIPTION

## DU TROISIEME PRESSOIR.

CE Pressoir est plus commode, plus pesant, plus expéditif que le second, fait le double d'ouvrage. Au moyen de quelques chevilles il se monte & démonte aisément.

L'arbre est de deux pieces de dix à onze pouces de largeur, d'environ huit pouces d'épaisseur, de neuf pieds de hauteur. On y fait une entaille par côté à un pied près du rez de chaussée, de quatre à cinq pouces de profondeur, pour y encastrer les deux pieces qui auront cinq à six pouces en quarré de toute face, de dix-neuf à vingt pieds de longueur. Ces deux pieces sont placées par le milieu de chaque côté de l'arbre, & trouées pour mettre un boulon en fer à

écrou, d'un pouce de groffeur ;
pour tenir les quatre pieces enfemble. On fait une entaille en dedans
à chaque piece de cet arbre, de
deux pouces & demi de largeur ;
ce qui fait en total cinq pouces
d'évafement. Cette mortoife aura
un pied fix pouces de longueur ;
le levier ou cabeftan fera de fix à
fept pouces d'épaiffeur fur huit à
neuf de largeur pour l'abattage :
il fera entaillé de chaque côté au
milieu de l'arbre : on le dreffera
contre la premiere clavette B,
lorfqu'on voudra garnir ou dégar-
nir une des deux caiffes. Le levier
fera de la même longueur des pieces
de deffous qui forment le banc du
preffoir. Le cabeftan placé, on
met un fecond boulon pour tenir
l'arbre ferré par le haut ; au lieu
de boulon en fer on met des clavettes en bois B, B, planche 2.e ;
ce qui eft auffi folide & à meilleur
marché. Aux extrêmités du levier,

on met une cheville pour tenir la corde du tour & celle qui souleve le levier contre le plancher, au moyen de deux poulies, auxquelles on passe une bonne corde, pour empêcher au levier de tomber lorsqu'on garnira & dégarnira les caisses. A chaque côté de l'arbre **A**, on met une caisse ; au moyen de deux tours, deux hommes font deux pressées de vin à la fois. Lorsqu'un presse, l'autre s'arrête ; ils peuvent se mettre tous deux au même tour, lorsqu'il est nécessaire.

A la mortoise du levier, on y fait un trou pour y placer une cheville en fer qui sert de cale au levier ; ou bien on met des cales en bois, pendant que le vin sort.

Ce pressoir évitera aux Papetiers la presse dispendieuse qui ne presse que six pieds de papier à la fois. Avec la nouvelle presse on mettra six pieds de papier de chaque côté de l'arbre ; alors deux hommes presseront facilement douze pieds de papier dans l'instant. L'arbre de la presse des Papetiers aura douze pieds de hauteur. Le second pressoir leur servira pour extraire la colle de leurs papiers, & pour les emballer. En changeant les plateaux, la seconde presse & la double suffiront pour toutes ces opérations ; on n'aura pas besoin de tant de Manœuvres ; on les occupera à quelque chose de mieux. Les bâtiments qu'occupoient les anciennes presses pourront être retranchés ; on fera à grand marché ce qui coûtoit fort cher. Le Papetier, avec un simple Ouvrier, pourra faire les deux presses, qui ne coûteront pas le quart d'une à vis.

Aussi-tôt que l'arbre d'un pressoir a plus de sept pieds de hauteur, il faut mettre une sole de trois à quatre pouces d'épaisseur, avec une mortoise au milieu, pour y faire entrer l'arbre, du milieu de la mortoife de l'arbre, par-où paffe le levier; de chaque côté on met un arc-boutant de quatre à cinq pouces en quarré, avec des chevilles qu'on ôtera lorfqu'on démontera les preffoirs.

*CONSTRUCTION de la caiffe du Preffoir double, planche 2.ᵉ, lettre C.*

PRENEZ un plateau de deux pouces d'épaiffeur, de neuf pieds de longueur; partagez en deux ce plateau, vous aurez trois pieds dans œuvre pour la vendange; l'épaiffeur des planches cannelées, le furplus du plateau fervira pour les tenons & mortoifes. Deux plateaux de neuf pieds formeront les quatre pieces d'une caiffe avec le tufquin, on tirera tous les plateaux d'épaiffeur. La premiere caiffe s'encaftrera dans une rainure faite à la conche, comme on le voit, planche 2.^e, lettre F. Auprès de la conche, au milieu de la caiffe, on fait une ouverture en demi-cercle d'un pouce & demi de largeur G ; on ôte en dedans de cette caiffe un pouce & demi de bois de profondeur, demi-pouce d'épaiffeur ; à la feconde caiffe on ôte même quantité de bois, afin que les deux caiffes s'emboîtent avec facilité : fi on met une troifieme caiffe, on fait la même chofe. Les tenons font arrêtés par des clavettes E, E ; ces fortes de cuves font très-commodes ; les tenons fervent d'anfes ; avec quelques coups de marteaux elles font montées & démontées.

On fera la conche F en plateau de chêne ou autre bois dur de trois pouces d'épaiffeur, cannelé comme on le voit, planche 2.^e, lettre F ; les cannelures d'environ un pouce & demi de largeur fur environ demi-pouce de profondeur ; celle du

milieu aura deux pouces de largeur & un pouce de profondeur ;
la cannelure qui est autour des
caisses aura deux pouces de largeur
& un de profondeur, & un peu
plus à la pointe de la conche où
vient passer tout le vin. Planche
à mortoise du dedans de la caisse L ;
mortoise M, M ; planche à tenon I ;
tenon K, K.

# DESCRIPTION

*DU QUATRIEME PRESSOIR.*

L'ARBRE eſt un plateau de noyer de trois pouces d'épaiſſeur , d'un pied trois pouces de largeur, de ſix pieds de hauteur, encaſtré dans une mortoiſe d'un pied trois pouces , arrêté par des chevilles à une ſole de cinq pieds de longueur & de trois pouces d'épaiſſeur. A cet arbre par côté on fait deux mortoiſes de quatre pouces de largeur, pour placer des tenons à clavette ; on ôte le bois qui eſt au milieu des deux tenons, pour rendre les plateaux par côté plus ſolides ; de ſorte que chaque plateau a deux tenons, la mortoiſe du levier eſt au-deſſus de la caiſſe à huit pouces de diſtance, comme aux autres preſſoirs ; les morceaux de bois qui ſoutiennent les plateaux, font entaillés de trois pouces de profondeur.

Les plateaux de côté formant le banc du preffoir, ont fix pieds deux pouces, non compris la longueur des tenons & emplacement des clavettes ; en dedans des plateaux, il y a la diftance d'un pied moins un pouce.

Le tour aura quatre pouces en quarré, à cinq pouces près du bout du plateau, dans lequel on fait un trou rond à cinq pouces de diftance du bord du plateau, laiffant la plus grande diftance au-deffus du tour. Chaque plateau a un pied deux pouces de largeur fur deux pouces d'épaiffeur. Le tour ainfi paffé dans les trous des plateaux n'a befoin d'aucun fer pour le tenir.

La caiffe eft à queue d'aronde fans fond, pofée fur une conche dont les plateaux doivent être joints enfemble par des languettes chevillées ; cette caiffe a un pied six pouces dans œuvre, non compris l'épaisseur des planches cannelées, & un pied un pouce de hauteur ; toutes les autres pieces sont semblables & placées de la même maniere des autres pressoirs.

La caisse sans fond, posée sur une conche, planche 2.${}^{e}$, lettre F, est plus facile à nettoyer que celle qui a un fond, comme en la planche 1.${}^{re}$, lettre K.

Ce quatrieme Pressoir est pour les Distillateurs, Confiseurs & Cuisiniers, qui doivent avoir attention d'envelopper dans une natte de jonc ou dans une toile forte & claire tout ce qui est d'une matiere crasse & épaisse, comme, cérises, framboises, cassis, groseilles, &c. qui boucheroient les trous des planches cannelées.

# DESCRIPTION

## *DU PRESSOIR A DEMEURE.*

LE Preſſoir qui eſt à demeure, eſt un gros arbre de quinze à dix-huit pouces de largeur, & autant d'épaiſſeur, fourchu, comme on le voit, planche 1.re, lettre B, de ſix pieds de longueur depuis l'arbre juſqu'à la naiſſance de la fourche, laquelle aura quatre pieds de longueur, compris les quatre pouces au petit bout au-delà du tour.

Au lieu du tenon tracé, planche 1.re, lettre H, on fait une entaille d'environ huit à neuf pouces de largeur, pour y placer l'arbre qu'on aura entaillé de chaque côté; en ſorte que les deux entaillures de deſſous ſervent de ſupport au banc, & de pied, afin qu'il ne touche pas terre. On fait un gros trou à ce banc derriere l'arbre, pour y placer une cheville qui empêche à l'arbre de s'écarter, au moyen d'une cale de bois dur, qui entre de force entre l'arbre & la cheville. L'entaillure du banc doit outre-paſſer l'arbre au moins de cinq pouces. Sur ce gros arbre, on place la cuve de la même maniere avec toutes les pieces ci-devant décrites. L'arbre aura neuf à dix pieds de hauteur, ſur quatorze à quinze pouces de largeur & un pied d'épaiſſeur ; la mortoiſe du levier de la longueur & largeur des autres preſſoirs.

Sous le pied de l'arbre, on y mettra une pierre plate au rez de chauſſée pour conſerver l'arbre ; au lieu des deux morceaux de bois quarré, on mettra ſous le banc deux groſſes pierres plates, ou deux morceaux de bois poſés ſur des pierres.

Toute eſpece de bois ſuffit pour le

le pressoir à fourche & à demeure,
verd ou sec, de même que pour
les plateaux servant de banc.
Aussi-tôt que les pressoirs sont faits,
il faut les mettre dans l'eau pendant deux ou trois mois, ensuite
les faire sécher à l'ombre : alors le
bois devient extraordinairement
dur, & ne sera jamais rongé par les
vers. Les branches de noyer ainsi
préparées m'ont fait d'aussi bons
ouvrages de menuiserie que le
cœur de l'arbre : à peine les outils
pouvoient-ils couper & polir les
planches, tant les pores étoient
resserrés.

## CAISSE pour l'huile.

LA caisse pour presser l'huile doit
être faite d'une pierre dure de trois
pouces d'épaisseur, d'un pied deux
pouces dans œuvre dans le haut,
& d'un pied en quarré dans le fond;

E

taillée à plan incliné, afin de fortir
plus facilement le marc des noyaux,
foit de noix ou autres chofes, &c.
Les noyaux ou les matieres dont
on fait les huiles, doivent être
enveloppées dans une toile de crin
ou toile fort claire, faite en fil
retors pour pouvoir réfifter à l'effort
de la preffe. Avant que de fe fervir
de la toile, on la mouille; après
l'avoir bien exprimée, on y preffe
fes noyaux; alors la toile ne s'im-
bibe point d'huile. Pour les cérifes,
& autres matieres graffes & épaiffes,
comme, olives, &c. on fe fervira
également de toile, ou d'un coffin
ou natte de jonc. Si on met dans
la caiffe, des matieres de mauvaife
odeur; auffi-tôt qu'on a fait fon
huile, il faut la laver & la bien
fécher, ne fe fervant des mêmes
toiles que pour les mêmes matieres.
La caiffe en pierre doit être enca-
ftrée dans du bois dur, de deux
pieds & demi de longueur, de trois

( 51 )

pouces d'épaiſſeur des autres faces ;
ou enveloppé de quatre plateaux à
mortoiſe & à tenon avec des clavettes , crainte que la pierre n'é-
clate ; ce qui arrive quelquefois.
Au plateau qui eſt vis-à-vis le trou
de la caiſſe en pierre , on y fait un
ſemblable trou afin d'y faire paſſer
la gaule pour recevoir l'huile. Au
fond de cette caiſſe on met une
forte tôle trouée ; elle doit être
libre , pour la ſortir facilement.
On peut faire la caiſſe en poirier
ou autre bois qui ne ſoit pas po-
reux ; le bois prend facilement
une mauvaiſe odeur , la pierre eſt
à préférer : nous avons des pierres
en ce pays très-propres à cet uſage:
la cuve en pierre coûte 17 liv. à
la carriere.

# DESCRIPTION

### DE LA

## MACHINE A BROYER

### LES NOYAUX.

CETTE Machine, planche 3.ᵉ, lettr. A, B, eſt une caiſſe compoſée de quatre planches, d'un pied trois pouces de hauteur, d'onze pouces de largeur, arrêtées par des crochets C, C ; en dedans de cette caiſſe B, ſont deux cylindres N, O, en bois de quatre à cinq pouces de groſſeur, garnis de forte tôle. De chaque côté des cylindres, eſt une forte manette E, pour les faire mouvoir par deux Manœuvres ; ou bien on y met d'un côté deux roues d'engrenage en cuivre D, D. Alors une ſeule perſonne ſuffit ; mais ſi on eſt deux pour

tourner , ces roues d'engrenage
donnent plus d'aifance & de force
à la machine. On met à chaque
cylindre une grenouille en cuivre,
dans laquelle paffent les tourrillons
des cylindres, qu'on laiffe forts en
bois ; ou bien ils feront avalés en
dedans pour y pofer un arbre de
fer quarré d'un pouce & demi de
largeur & un pouce d'épaiffeur
méplat, afin d'y percer deux trous,
pour y mettre deux goupilles :
après cela on y rapporte une piece
à queue pour recouvrir l'arbre. Il
faut que les tourrillons de l'arbre
du cylindre foient tournés autour
à deux pointes comme le cylindre.
C'eft delà d'où dépend la bonté de
la machine : très-peu de Tourneurs
y réuffiffent. Les deux planches
où font pofés les cylindres, font
affemblées dans le piedeftal ou
chevalet F, F ; les deux autres où
font pofés les crochets C, C, font
à couliffe.

Il faut pofer deux planches en dedans de la caiffe, pour conduire les noyaux au milieu des cylindres, à la diftance d'un pouce & demi en évafant par le haut L, A. Chaque planche aura au moins un pouce d'épaiffeur. Les cylindres feront éloignés d'une ligne, & placés à fix pouces du piedeftal, pour avoir plus d'efpace pour mettre les noyaux. La trémie, un pied en quarré par le haut K, K, un pied de hauteur fur fix à fept pouces d'ouverture par le bas.

Le piedeftal ou chevalet F, F, trois pieds quatre pouces de longueur, trois pouces en quarré de groffeur. Les pieds G, G, auront deux pieds & demi de longueur ; ils feront à tenons, arrêtés par des chevilles en bois affez fortes pour les ôter quand on jugera à propos. On fera la même chofe aux petites traverfes H, H ; M eft une caiffe ou chauderon deftiné à recevoir ce qu'on a broyé.

Les cylindres en gueufe feront
plus coûteux mais plus folides ;
laiffant les tourrillons un peu forts,
crainte que la pefanteur du cylindre ne les fît rompre : au lieu de
quatre planches d'un pouce, on les
mettra de deux pouces ; les roues
d'engrenage feront auffi plus fortes.

## OBSERVATION *fur les Noyaux.*

Aussi - tôt qu'on a broyé
les noyaux de noix dans la machine à cylindre A, B, qu'on les
a mis fous la preffe ; il faut fortir
le pain de noix de la caiffe, le
brifer le mieux qu'il fera poffible,
pour le mettre dans la caiffe A, B.
Le pain de noix étant bien pulvé-
rifé, on a un chauderon d'eau
bouillante fur le feu ; on y met un
chauderon vuide, ou quelqu'autre
chofe propre à recevoir le pain de

noix, qu'on remue avec une fpa-
tule de bois. Ce pain de noix étant
fuffifamment chaud, on le plie dans
la toile pour le preffer, on fait la
même opération deux ou trois fois,
jufqu'à ce qu'on voie qu'il ne forte
plus d'huile. Par ma nouvelle méthode, l'huile n'a point le goût du
brûlé ; on en a une plus grande
quantité. Tout le monde fait que
le cuivre mis fur le feu boit beaucoup d'huile.

Il faut faire la même chofe pour
les olives ; après les avoir pref-
fées, le marc doit être mis dans la
caiffe A, B de la machine à cylindre, planche 3.ᵉ: les noyaux bien
moulus, on les mettra auffi au
bain-marie, pour exprimer l'huile
avec plus de facilité. On n'aura
plus befoin de faire broyer les
noyaux fous la pierre ; ce qui fera
d'une grande économie, & évitera
beaucoup de peine.

Si on veut broyer des graines de

navette, ou autres petites graines,
il faut avoir deux autres planches
pour rapprocher les cylindres.

## MANIERE de construire les Cylindres en gueuse.

AYEZ un modele en bois, planche 3.ᵉ, lettre N ; le tourrillon pour la clavette sera percé. Modelez les deux cylindres N, ils seront égaux ; vous pourrez mettre une manette à droite & à gauche ; peut-être pourra-t-on modeler les cylindres creux ; ce qui seroit très-commode pour y adapter un arbre en fer garni en bois, afin qu'il fût invariable. J'envoie un modele à l'Ouvrier, avec mes deux méthodes ; il choisira la plus facile à exécuter & la moins dispendieuse.

## MANIERE *de preſſer.*

Il faut preſſer peu à peu ; à meſure
que le vin ſort avec violence, il
faut s'arrêter pour laiſſer couler le
vin ; lorſqu'il ne ſort plus que
goutte à goutte, on fait mouvoir
le tour du preſſoir. S'il ne ſort plus
rien, on ſouleve le levier : au
moyen de la corde paſſée à la poulie qui eſt au plancher, on ôte enſuite les cales, matras & plateaux,
pour couper avec une pelle de fer
tout autour la vendange, à plan in-
cliné, d'environ deux à trois pouces d'épaiſſeur, laquelle on met
ſur l'endroit où étoit placé le plateau à quatre chevilles ; on ôte
enſuite les quatre planches cannelées de dedans la caiſſe, ce qui
laiſſe un grand vuide entre la caiſſe
& la vendange : pour lors on peut
ſe mettre deux pour faire ſerrer le
tour, ayant attention de mettre

une cale en forme de coin dans la mortoife du cabeftan, pour le faire baiffer fur le derriere & élever fur le devant ; ce qui en augmente beaucoup la force. Si ce qu'on a ôté de dedans la caiffe, n'a pu fe mettre fur le marc de vendange, on le met dans une baine ; & lorf-que le matras a fait baiffer la ven-dange, on lâche le tour, pour mettre le furplus du marc fous le plateau.

Le vin ne fortant plus goutte à goutte, ayant mis cale fur cale, le marc étant bien fec & l'ayant coupé deux fois, il faut le fortir pour faire une nouvelle preffée ; ce feroit inutile de vouloir for-cer le cabeftan, lorfque le marc de raifin n'a plus d'humidité. Ce que je dis du vin, s'entend de toutes les matieres dont on veut extraire le fuc. Le pepin du raifin fert auffi à faire d'huile.

F I N.

---

## AVERTISSEMENT.

*Tous les exemplaires seront signés par l'Auteur au dos des Estampes, crainte qu'on ne les contrefasse, & qu'on ne change quelque chose à la description des machines.*

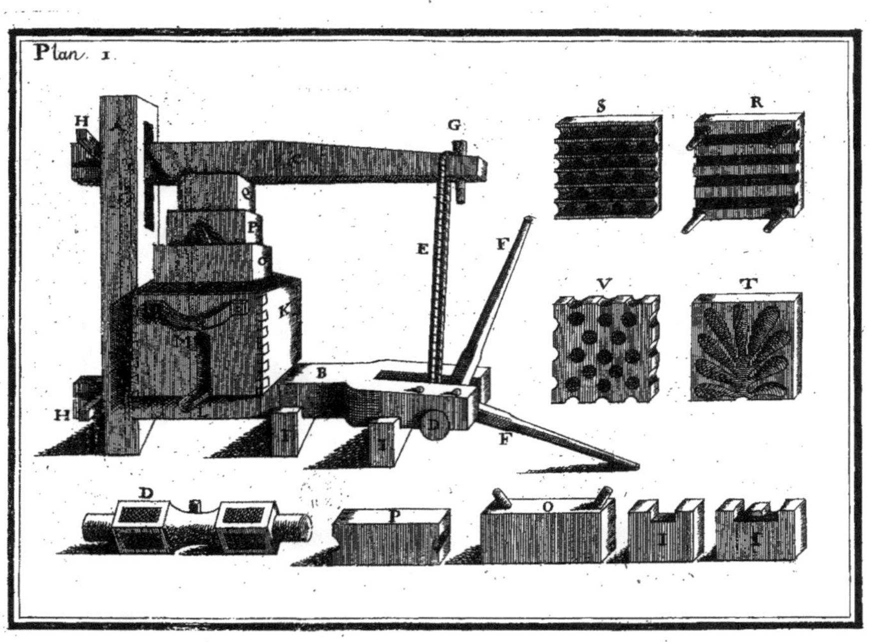

Plan. I.
H
G
Q
P
O
E
F
K
M
B
H
D
F
S
R
V
T
D
P
O

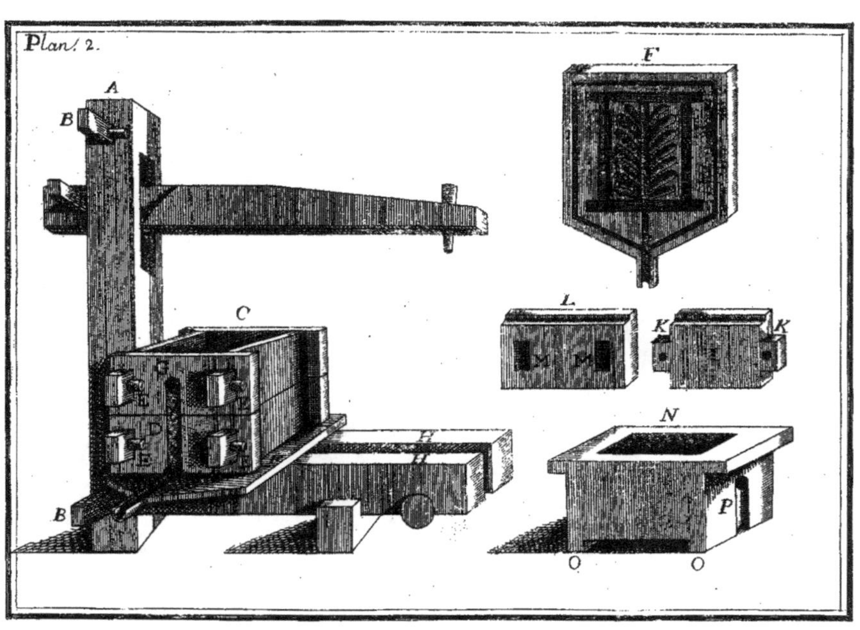

Plan. 2.
A
B
C
B
F
L
K
K
M
N
O
O
P

Plan. 3.
A
B
C
C
D
E
F
F
G
G
K
K
I
H
H
M
L
N
O